अधूरी किताब

आनन्द स्वरूप

First Published in January 2022

ISBN: 978-93-93899-08-8

BLUEROSE PUBLISHERS

www.bluerosepublishers.com

info@bluerosepublishers.com

+91 8882 898 898

Cover Design:

Aveek

Typographic Design:

Rohit

Distributed by: BlueRose, Amazon, Flipkart

For

Suman

Aman

Kabir

अल्फाज़

बेशक किताब के हर एक अल्फाज़ को समझ ही लेता
अगर मुझे हल्का सा अहसास होता कि,
यूँ इसके कुछ पन्ने मुझसे बेवफाई कर सितारों से मिल जायेंगे।
मैं तो हाथों में लिये धीरे–धीरे पन्ने को निहारता ही रहा
और अल्फाज़ों के मायने ढूँढता रहा
इस बात से बेखबर कि, वो इसके कुछ पन्ने अपनी खुशबू से मुझे महरूम रख देंगे।

किताब के वो पन्ने जिन्हें मैं सँभाल ना सका,
मेरे हाथों से छूट कर दूर आसमान में सितारों के साथ मेरा इन्तज़ार कर रहे हैं।
किताब के उन पन्नों में से कुछ पन्नों से जरूर रूमानियत झलकती होगी कुछ इस तरह से

दिल में छुपाकर रख अहसासों को,
यह दिल्लगी नहीं है आसां,
तेरे इन अहसासों में मेरी पहचान हैं,
बाहर आ गया तो हंगामा मच जायेगा।

कुछ गुस्ताखियाँ करने से ज़िन्दगी में रूमानियत बढ़ जाती हैं।
खून का रंग ज्यादा सुर्ख और ज़िन्दगी में रवानियाँ बढ़ जाती हैं।

वो आकाश में दूर चमकते सितारे के पास कुछ पन्ने हैं जो मुझे चिढ़ा रहे हैं

अपनी रूहानी कहानियों से कुछ इस तरह...

मुझे बेचैन करती है तेरी परछाई,
अगर तुम नहीं हो तो, कह दो अपनी परछाई से,
मैं कोई और हूँ।।

जीना तो उसी दिन भूल गये हम जब पीपल
से हरा पत्ता टूट कर सड़क पर गिर गया।

किताब के कुछ पन्ने मैंने पढ़ें और लगा था कहीं कि समझ गया हूँ मैं रूह को इसकी

अब फिर उन पन्नों के अल्फाज़ समझने बैठा हूँ

तो किताब के किरदार बदले–बदले से लगने लगे हैं।

किताब के पन्नों की अब भिनी–भिनी खुशबू आने लगी है

कुछ इस तरह से........

हम तो खुद ही बेखबर रह गये
अपनी ही दास्तां लिखते–लिखते,
और उन्होंने हमारे 'हाँ' कहने की कहानियाँ बना दी।

कुछ पन्ने फाड़ने से किताब की कहानियाँ खत्म नहीं होती...
किताब पढ़ने से फटे पन्नों की कवायत सामने आ जाती है।
किताब के किरदारों की रवायत सामने आ जाती है।

वहीं किताब के पन्ने, जो मुझ से टकरा ही जाते हैं, यहाँ–वहाँ और कभी तेज हवा में कुछ पन्ने सीधे मुझे झकझोर देते हैं।

किताब के यह पन्ने मुझे बेचैन कर देते हैं तेरी तरह.......

काश स्याही बिखर जाये,
और मुक्कमल फरियाद बन जाये,
कलम के कन्धे कमजोर हैं।

अब मैं बेचैनियाँ दिल में सँभाल कर रखता हूँ,
मुझे मेरे होने का अहसास जो कराती है।

कुछ पन्ने नहीं रहने से कहानियाँ खत्म नहीं होती। हाँ अब गहराई थोड़ी कमतर होने लगी हैं। खोने लगे हैं निशान तेरे मेरी राहों से, जो समझा–पढ़ा उनके अल्फाज़ों को शिद्दत से

जो पन्ने पढ़े थे मैंने अब उन्हीं पन्नों के अल्फाज़ों को शिद्दत से समझने लगा हूँ।

और बेवफा पन्नों की जो अब सितारों के साथ मिलकर मुझे निहारते रहते हैं, महसूस करने लगा हूँ।

अब मुझे किताब के उन छुटे पन्नों का गम नहीं, अब मैं समझने लगा हूँ

इनकी रवानियाँ, बेचैनियाँ,रूमानियत और रूहानियत भी।

Words

Surely I would have understood every single word of the book

If I had felt a little,

For that matter will be infidelity with me some pages of it and meet the stars.

I kept turning the page slowly with my hands

and kept looking for the meaning of words

Unaware of this, he will keep me away from its fragrance for some pages.

The pages of the book that I couldn't handle,

The stars in the sky far away from my hands waiting for me.

Some of those pages of the book must have reflected the romanticism

something like this...

Keep the feelings hidden in my heart
This madness is not easy
I recognise you in these feelings
If they come out, there will be a ruckus

Doing some gimmicks increases the romanticism in life

The colour of blood becomes brighter and life becomes more ravishing.

There are a few pages near the stars shining far away in the sky those who are teasing me with their spiritual stories like this...

Your shadow makes me restless
If you are not then, tell me with your shadow
I am someone else

We forgot to live on the same day
when the green leaf
fell from the peepal tree and fell on the road.

I read some pages of the book and thought that somewhere, I have understood that I am now sitting again, understanding the soul of those pages.

So, the characters of the book started to change.

The pages of the book have now started smelling too sweet

something like this......

We ourselves were oblivious
Writing his own tales

And they made up stories of us saying yes.
Tearing a few pages doesn't end the
story of a book
Reading a book reveals the
story of the torn pages
The story of the characters in the book
comes to the fore

The pages of the same book which collide with me and the pages will be scattered all over, sometimes the strong wind shake me straight.

These pages of the book will make me restless like you...

Wish the ink spilled
And become a successful complaint
The shoulder of the pen is weak

Now I keep restlessness in my heart
which makes me feel what I actually am

Stories don't end in a few pages. Yes, now the depth is starting to decrease a bit. The traces are starting to be lost, what should be understood from your paths with the help of his alpha

The pages which I had read, I have now started understanding the words of those pages with great dedication.

And of the unfaithful pages that now stare at me together with the stars

starting to feel

Now I do not feel sorry for those missing pages of the book, now I am starting to understand

Their feelings, restlessness, romanticism and also spirituality

अनुक्रमणिका

Contents

अधूरी किताब

रूमानियत

किताबों में रखे सूखे फूल से अब खुशबू नहीं आती....
अंधड़ में गिरे थे पेड़ के डाले
और वो हरे पत्ते।
सुखे पत्ते बेमानी ही सड़क पर हवा के साथ खेलते रहते हैं।
और हाँ
रात को उनकी सरसराहट से राहगीर सहम भी जाता है।
इन पत्तों के कूड़े करकट को ढेर बना कर आज फिर दफनाया है।
लेकिन पेड़ के बड़े डाले, जो अभी भी हरे हैं, को पत्तों के साथ जलाने
कोशिश भर की तो धूएँ से आँखें लाल हो गईं।
पेड़ से टुटे डालों के घाव अभी हरे हैं

Romanticism

Dried flowers kept in books no longer smell
The branches of the tree
and those green leaves had fallen
in the dust strom
Dry leaves play with the wind on the road in vain
and yes
At night, his rustle even frightens the passersby.
After making a heap of these leaves, the garbage has been buried again today.
But when I tried to burn the big branches of the tree, which are still green, along with the leaves, the smoke turned eyes into red.
Though big branches of tree are broken, the wound is still green.

उतावली धड़कनें कहती हैं मिलो तो सही कॉफी हाउस में।
और तुम हो कि कहते हो खो जाने दो मुझे किताबों में।।

तेरी 'हाँ' में 'ना' का और 'ना' में 'हाँ' का घालमेल ही कुछ ऐसा है कि तेरे 'ना' कहने का अन्दाज़ ही मेरे 'हाँ' की उम्मीद से ज्यादा अच्छा होता है।

यह नीला आसमान कितना दूर, तो कभी बिलकुल करीब लगता है
और कभी–कभी नीले समन्दर में समाया लगता है।
आसमान के नीले रंग पर
सफेद रंग के बुटे
कुछ केरी के,
कुछ घोड़े और शेर के
ऐसे लगते हैं जैसे
तुम्हारी नीली साड़ी पर सफेद धागों से चाँद, तारे
और पल्लू पर जरी से बनी केरियाँ,
घोड़े और खरगोश के बुटे
इस मद्धिम हवा में लहराती तेरी नीली साड़ी
कभी आसमान को तो कभी लहरों में सफेद फेनिल समेटे समन्दर

The fast heartbeats says lets meet in the coffee house
And you are the one who says let me lost
in the books

The combination of your yes into no and
no into yes is such a way that
Your way of saying no is better than my
expectation of yes

This blue sky seems so far away
sometimes it seems so close
And sometimes it seems to be
drowned in the blue sea
on the blue sky, I see
white ornaments
some paisley,
some horses and lions looks like
Moon, stars with white threads on your blue sari
And the paisleys made of zari on the pallu
horse and rabbit ornaments
Your blue sari waving in this gentle wind
sometimes look alike the sky and sometimes is covered
with white fenil in the waves

तेरी मेहरबानियाँ और हमारी नाइन्साफियाँ और उसकी कद्रदानियाँ,
क्या–क्या याद रखूँ।

बुढ़ापे में तेरी झुर्रियाँ गिनने
और उससे ज्यादा
तेरी खूबियाँ बताने का वादा जो किया है
अभी से ही,
मन ही मन गिनने लगा हूँ
तेरी खूबियाँ,
क्यों, झुर्रियाँ अब ना आयेगी तुमको...

वो देखो कितने लोग तुम्हारी जन्मपत्री लिये घूम रहे हैं।
कहा था ना ऑफिस में कम हँसा करो।
लेकिन तुम हो कि...
क्या करूँ मेरा स्वभाव ही ऐसा है।

मेरी शिकायत मुझ से करो
और पूछते भी हो कि नाराज क्यों हो आज,
और थोड़ी सी परेशानी तुम्हारी और उदास मुझे होना पड़े।
लाना ना शिकन माथे पर थोड़ी भी
मेरी आदत नहीं है यूँ उदास रहने की।

Your kindness and our injustice and its appreciation
What should I remember

Counting your wrinkles in old age
and more
Who has promised to tell you your attributes
Right now
I started counting in my mind
your virtues
Why, now the wrinkles will not come to you

Look how many people are roaming
around with your birth certificate
I told you, don't laugh loud in the office
but you are like...
what to do, my nature is like this

Complain to me about my shortcomings
And also ask why are you angry today
And for your little trouble, I have to be sad
Don't bring wrinkle even a little on the
forehead
I am not used to being so sad

हीर ना मिली गम है, सब को मिले, कोशिश हरदम है।
दुनियाँ से छुपता नहीं कैसा है रास्ता,
हमसफर को थोड़ा देख लो,
उसको मिल जाये कहीं हीर और तुम को कहीं रांझना।

फिरते हैं बादल की तरह छाया बन कर तुम पर,
और तुम को लगता है मौसम सुहाना हो गया।
बेखबर रहो यह जान कर, हमने गरजना छोड़ दिया।
सोचा कहीं तुम्हारी कविता में खलल ना पड़ जाये।
और बरसना तो मैंने उस दिन ही छोड़ दिया...
याद है तुम्हें जब कुछ बूँदें तेरे चेहरे पर क्या गिरी
और तुम बेतहाशा भाग कर बस स्टॉप के नीचे अपना मेकअप ठीक करने लगी थी...
और मुझ नादान ने क्या सोचा कि तुझे अपनी बारिश में समा लूँ।
खुशकिस्मत है वो जिन पर बादल अमृत बरसाते हैं।
उन के बारे में क्या कहें जो साथ रहकर भी मिल नहीं पाते हैं।

जो जाम से पीते हैं वो उतर जाती है,
जो आँखों से पीते हैं सुरूर उतरता ही नहीं।

It is sad that I didn't get Heer, everyone
should get it, effort is always there
How is the way not hidden from the world
take a look at companion
may he get his Heer somewhere and
you will find Ranjhna somewhere

wanders like a cloud on you as a shadow
and you think the weather is nice
Be oblivious knowing that, we stopped howling
Thought that your poem should not be disturbed
And to rain, I left that day itself
Do you remember when some drops
fell on your face
And you ran recklessly under the bus stop
for fixing your makeup
And what did I think like an idiot to take
you in my rain
Those are fortunate on whom clouds
rain ambrosia
What to say about those who cannot meet
even after living together?

One who drinks from wineglass gets down
And the one who drinks through the eyes does not even
get down ecstasy

कुदरत ने क्या दिया है हमको जो महबूब को पसन्द आये?
मैं जो भी कहता हूँ उसे दुनियाँ की पुरानी रिवायत बता देती है।
मैंने खुदा से सिफारिश की है कि जो मुझे पसन्द है उसमें से कुछ तुझे भी दे दें।
तुम कुछ तो समझ पाओ मुझे और मेरे अहसासों को

दिल में छुपाकर रख अहसासों को,
यह दिल्लगी नहीं है आसाँ,
तेरे इन अहसासों में मेरी पहचान है,
बाहर आ गया तो हंगामा मच जायेगा।

कुछ गुस्ताखियाँ करने से ज़िन्दगी में रूमानियत बढ़ जाती हैं।
खून का रंग ज्यादा सुर्ख और ज़िन्दगी में रवानियाँ बढ़ जाती हैं।

वो तेरी कश्मकश देख कर,
हमने तुमसे ना मिलने का संदेशा भेज दिया,
और तुमको लगा हम नागुजर निकले।

महसूस कर ना पाएं हम।
होंठ और दिल की कश्मकश अजीब है।
दिल कुछ और करना चाहता है,
और होंठ जमाने का लिहाज करके आदाब कहकर रह जाता है।

What nature has given us, which beloved likes
Whatever I say tells him old traditional
tales of the world
I have requested God to give you something
of what I like.
you can understand something about me
and my feelings

Keep the feelings hidden in the heart
This madness is not easy
I recognise you by your feelings
If they come out, there will be a ruckus

Doing some gimmicks increases the
romanticism in life
The colour of blood becomes brighter
and life becomes more ravishing.

After seeing your dilemma
We sent you a message not to meet
and you thought I am incapable

we can't feel
the smack of the lip and heart is weird
heart wants to do something else
And the lips keep saying aadaab by
considering the world

शुक्रिया तुम्हारा कि किसी तन्हां को मेरा हमसफर नहीं बनाया।
वरना हम यूँ हीं लिखते रहते और तुमको समझाते रहते।

राहत में तुम्हारा हाथ है,
सुकुन में तुम्हारा साथ है,
बेअदबी, बदतहजीबी में,
तहजीब तुम्हारे साथ है।
जहाँ में मिलता बहुत है साथ पर
दो पल सुकुन तुम्हारे साथ है।

कौन कमबख्त तुम्हारे साथ जीना चाहता है।
हमारी ख्वाहिश तुम्हारे साथ मरने की थी।

Thank you for not making any lonely
person to my companion
Otherwise we keep on writing and
explaining to you.

your hand is with me in relief
you are with me in peace
in roughness, rudeness
courtesy is with you
get a lot in the world, but accompaniment
Some moments of peace is with you

who wants to live with you
I wish to die with you

मन करता है ख्यालों में उन जानी–पहचानी गलियों में घूम आऊं।
धीरे से गलियों में तेरे पसन्द के चिराग फिर से रख आऊं।
यह वक्त बदनाम है,
मेरे ग़म को भूलाने में लगा है,
रफ्ता–रफ्ता....
चलो यादों के चिराग में फिर से तेल भर आऊं।
दूरियों ने तेरे गम को सूखा रखा है...
चलो सूखे जख्मों को जरा फिर से कुरेद आऊं।
शायद अब वो लौट कर ना आये,
चलो बस–अड्डे पर तॉगें वाले को फिर से इन्तज़ार का कह आऊं।
उम्मीदें दर्द की चुभन को कम नहीं करती...
चलो वक्त के बदन पर कांटों का दामन फिर से छोड़ आऊं।

पढ़ना ही था तो किताबें कौन सी कम थी,
हमारे पन्ने पलटना थोड़ा ज्यादा हो गया।

हर रोज़ खोजने लगा हूँ मैं आसमाँ में
वो मेरा टुकड़ा आँसमा का।
जहाँ पर मन के सारे रंग मिल जाएं
वो ख्वाबों के बादल
वो आसमानी धूप
वो कड़कड़ाती बिजलियाँ
मिल जाये मुझे वो मेरा छोटा सा आसमां।

My heart feels like wandering in those familiar
streets in my thoughts
put slowly the lamp of your choice in the streets again
this time is infamous
Trying to forget my sorrow
Slowly slowly...
Let's fill the lamp of memories with oil again
distance kept your sorrow dry
Let's scrape the dry wounds again
Maybe he won't come back now
Let's tell the tonga to wait again at the bus stand
Hope it doesn't dull the prick of pain
Let's leave the thorns on the body of time again

If you had to read, books were not less?
Turning our pages is a little too much

I am searching in the sky everyday
that mine piece of sky
where all the colours of the mind meet
those clouds of dreams
that sky sun
that thundering lightning
let me find that my little sky

सिलसिला

आहिस्ता बोलिये, कि सूरज को आँखें दिखाने लगे हैं लोग,
जो बुझाने आये थे, वही जलाने लगे हैं लोग।
झोपड़ी को बचाने के चक्कर में,
सपने जलाने लगे हैं लोग।

जुगनू बन कर रहना है।
चाहे छोटा है, दीवाने बन कर जलते रहना है।
छोटे ही सही,
लेकिन अपनों की आँखों में चमकते रहना है।
अपने कौन हैं दिल में झाँकते रहना है।

तेरे होने का अहसास ही सुकून देता है ज़िन्दगी।
वरना देखा है मुर्दों को भी जीते ज़िन्दगी।
तुम चलो तो हम चलें...
क्या यही है ज़िन्दगी।

Continuation

Speak slowly, that people have started
showing eyes to the sun
who came to extinguish, those same people
have started burning
In the process of saving the hut
people have started burning dreams

To be a firefly
Whether it is small, keep burning like crazy
little right
But keep shining in your loved one's eyes
Who is yours, keep looking into heart

Life, feeling of being with you gives tranquil
Otherwise, I have seen the dead also live life
let you go then we go
is this life

फासले कदम बढ़ाने से ही रुखसत होते हैं जनाब।
अगर फासलों के दरमियाँ जब लोग चलने लगें तो समझ लो...
आप तो खड़े ही रह जाओगे और फासले बढ़ जायेंगे जनाब।

कुछ यूँ हुआ हमारे साथ,
हम काम में मशरुफ क्या हुए
वो सब मजबूर हो गये।

चलती रही, चलती रही और यूँ ही चलती रही,
कभी दूसरे माले के कमरे में तो कभी पहले माले के कमरे में तो
कभी तीसरे माले के कमरे में...
ना इसकी ना उसकी...
बस यहाँ की वहाँ की जाने कहाँ–कहाँ की
बस चलती रही यूँ ही चलती रही
वो घालमेल का दौर कभी छाछ का चाय पर जोर
तो कभी दही पर कॉफी का शोर
ना जाने क्या–क्या
लेकिन बिना थके चलती रही वो थी
खालिस बातें।

Distance only reduced by taking steps , dear.
If people start walking in the middle of the distance, then understand
You will stand still and the distance will increase dear

something happened to us
When I was busy at work
they were all helpless

keep going and keep going
Sometimes in the room of the second floor, sometimes in the room of the first floor and sometimes in the room of the third floor.
neither its nor his/her
Just here and there don't know where
just keep on going
That era of mixing, sometimes the emphasis on buttermilk over tea
So sometimes the noise of coffee over curd
don't know what
But kept going on tirelessly
That's pure talks

कुछ पन्ने फाड़ने से किताब की कहानियाँ खत्म नहीं होती...
किताब पढ़ने से फटे पन्नों की कवायद सामने आ जाती है।
किताब के किरदारों की रवायत सामने आ जाती है।

जनवरी की खिली धूप में जो कैफिए ज़ेहन में आते थे,
वो क्या कमाल थे...
दिल और दिमाग में वो मजबूती अब क्यों नहीं आती...
कैफिए अब ज़ेहन में क्यों नहीं आते।
कैफिए ऐसे कि दिल और दिमाग को आसां कर दें।

धड़कनों को क्या पता किस के लिये कैसे धड़कना है।
उस दिल को कैसे पता कि मुझे देख थोड़ा जोर से धड़कना है।
तेरे दिल और धड़कन में जरूर कोई तकरार है।

हम तो खुद ही बेखबर रह गये
अपनी ही दास्तां लिखते–लिखते,
और उन्होंने हमारे 'हाँ' कहने की कहानियाँ बना दीं।

Tearing a few pages doesn't end the
story of a book
Reading a book reveals the story of
the torn pages
The story of the characters in the book
comes to the fore

The couplets that used to come to my mind
in the hot sunlight of January
what amazing things they were
Why doesn't that strength come in the
heart and mind now?
Why doesn't the couplets come to mind now?
couplets that eases the heart and mind

A heartbeat does not know how to beat for whom?
How does that heart know that after seeing me should
beating a little louder
There must be some dispute between
your heart and heartbeat

We ourselves were oblivious
writing my own story
And they made up stories of us saying yes

देख ले एक नज़र जाम से पहले मुझको,
कहीं छोड़ ना जाओ रंगीन शाम से पहले मुझको।

उनकी आवाज की भी सूरत है,
यही गुरूर क्यों खूबसूरत है।
वो बेपरवाही में भी हमारी खुदकुशी की ख्वाहिश करते रहे।

मोती के बिना अँगूठी कैसी,
मुसाफिर के बिना गाड़ी कैसी,
जाम के बिना महफिल कैसी,
इश्क के बिना मुशायरा कैसा,
और चाकू के बिना कातिल कैसा,
और क्या करूँ बार–बार कातिल के पास जाना ही पड़ता है,
कैसे बताऊँ माशुका जो ठहरी।

दारू को इसलिये चाहते हैं
दिल को तो जलाती है पर लबों से लग जाती है।
महबूब की सोखियाँ ऐसी कि लबों से भी नहीं लगती और दिल भी जला जाती है।
माशुका और दारू पहले तोड़ की ही रंग, रूप और नशा देती हैं।

take a look at me before the wine
Do not leave me somewhere before the
colourful evening

their voice is also beautiful
why this proudness is beautiful
He kept on wishing for our happiness
even in recklessness.

what is a ring without pearls
how is a car without a passenger,
how is a gathering without wine,
how is a mushaira without love,
And how is a murderer without a knife
And do I have to be the murderer
again and again?
How can I tell, the sweetheart who stayed

I love alcohol because
its burning the heart but it touches the lips
lover's naughtiness don't even touch the
lips and the heart also gets burnt.
Sweetheart and alcohol of first one gives
colour, form and intoxication

दिल्लगी का चोला पहने तेरे यार बहुत होंगे,
मेरे दिल का रंग देख लेना,
उसको तोड़ने से पहले।

चुपचाप देखता हूँ,
उनके हाथों में मेरी मौत का सामान।
हाथों में नाखुनों को खंजर बना बैठी है वो।

कहाँ चलना है बता दो जरा,
हम रास्ते के काँटें हटा दें
और फूलों को बिछा दें।
साथ चलना एक अहसास है
इसे जानने की कोशिश न करो,
महसूस करो
और केवल इन्तजार करो।
हम साथ चले थे रास्तों पर, मोड़ के इन्तज़ार में,
जाने वापस घर आ गये
और तुम्हारा इन्तज़ार करने लग गये।

You will have many friends wearing a cheerfulness tunicle
see the colour of my heart
before breaking it

watch silently
the stuff of my death in their hands
She is making nails a dagger in her hands.

Tell me where to go
I will remove the thorns from the way
and spread the flowers
walking together is a feeling
don't try to figure it out
feel it
and just wait
We walked together waiting for the
turning point on the way
and come back home
and wait for you

उसके चेहरे को उसकी शीरत मत समझ लेना,
उसकी महक को गुलाब मत समझ लेना,
उसकी चहक को शबाब मत समझ लेना,
उसकी आँखों को आइना मत समझ लेना,
जरा गौर से देखो मकड़ी का जाल है,
जिसका कोई डोर नहीं, कोई छोर नहीं,
पकड़ने जाओगे तो हाथों में लहू के कतरे तुम्हारे ही होंगे।

भूल ना जाना मुझको, मुझ पर तेरा अधिकार नहीं,
हमने तुम्हारी हँसी को दिल में संजो रखा है,
और तुमने हमारे जनाज़े को दिमाग में संजो रखा है।

ललाट पर मेहनत के पसीने को,
बारिश के छीटों ने सफल बना दिया।
पसीने की बूँदों को अनंत सफलता की बारिश से नहाना ही पड़ता है।

don't misunderstand her personality by her face
don't misunderstand her smell as a rose
don't misunderstand her beauty by her chirping
don't take his eyes as a mirror
take a look, it's a spider's web

who has no strings, no ends.
If you go to catch it, the bits of blood in
your hands will be yours.

Don't forget me, you have no right over me
We have cherished your laughter in our heart
And you have kept my funeral in your mind

sweat on the forehead
splash of rain made successful
Drops of sweat have to be bathed in the
rain of eternal success

लाव–लश्कर लेकर हम सफर पर तो साथ ही निकले थे
हम अपनी भौंहें जलाते रहें, आँखों से आँसू बहाए,
पर सपनों को ना बहने दिया।
उसकी आँखों से ख्वाब धीरे–धीरे बदलने लगे,
आँसुओं के संग सपने भी बहने लगे।
अब उसकी आँखों से उम्मीद की चमक भी धीरे–धीरे उतरने लगी है।
कभी जो खुद ही लड़ूँगा, खुद ही चलूँगा,
कहने वाला आज खुद की तलाश में गुमसुम है।

नित नियम से ऑफिस जाता हर रोज
मन को ताला बान्धे घूमता हूँ,
कहीं नियमों को ना तोड़ दूँ,
लोगों से मुँह ना मोड़ लूँ।
लेकिन क्या करूँ कभी कभार,
मन चाबी बन ताले में कुछ इस तरह समा जाता है,
कि मेरे रास्ते खुल जाते हैं।
सारी अहमियत तेरी मेरे ताले में बिखर जाती है।

We went on a journey together with equipments
We kept burning our eyebrows, we shed tears from our eyes
But don't let the dreams flow
Dreams slowly started changing from his/her eyes
Dreams started flowing with tears
Now the brightness of hope is also slowly starting to fade from his/her eyes.
I'll fight on my own sometime
The one who says today is missing in search of himself

Going to office everyday punctually
lock my mind
don't break the rules of
don't turn away from people
but what to do sometimes
The mind becomes the key and gets absorbed in the lock like this
that my paths open
All your importance gets scattered in my locks

जो हौसला रखते हैं उड़ानों के,
वो कहाँ डरते हैं, गिर जाने से।

मैं मजबूत तो दुनियाँ मजबूत।

जमाने के आगे चलिये जनाब...
वरना जमाने को आगे लायेगा कौन?

those who are conscious of flying
they are afraid of falling

If I am strong then the world is strong

Let's go ahead of time, dear
Otherwise, who will bring the era forward?

रूहानियत

वो चाँद से थोड़ा दूर एक तारा आज कुछ ज्यादा ही चमक रहा है
समझने में देर ना लगी,
आज तुम फिर उसी पीपल के पेड़ से बातों में मशरूफ हो और
इस सितारे को देख कर खुश हो रहे हो।।

जो गुजर जाता है वो हम–तुम हैं, वक्त तो निरन्तर बहता रहता है।
खर्च करने पर भी कम नहीं होता,
हम सब तो उसमें तैरते रहते हैं,
एक ज़िन्दगी से दूसरी में।

चाँद को चाँदनी का और मुझे तेरा अहसास क्यों नहीं होता।
चाँद को चाँदनी का और मुझे तेरे होने का साथ महसूस भर होता है।
जीवन में अन्धेरा क्यों नहीं होता।

Spirituality

That one star a little far away from the
moon is shining more today
it didn't take long to understand
Today you are again busy in talking with
the same Peepal tree and
happy to see this star

Time flow continuously, who pass
away it's me and you
does not cost less
we all swim in it
from one life to another

Why does the moon not feel the moonlight
and I don't feel you
Moon is like moonlight and I feel with you only
why is there no darkness in life

प्यास तो बुझाते नहीं, तृप्ति लेकर क्या करूँ।
स्नेह तो है नहीं, विश्वास लेकर क्या करूँ।
शीतलता तो है नहीं, ठंडी हवा का क्या करूँ।

तु खुदी से हो बेखबर, मैं खुद ही को दिखा दूँ आइना,
यह नज़र का है असर कोई बन्दा नहीं कोई ख़ुदा नहीं,
यह तो एक खेल है।
और ऐसा कौन सा खेल है जिसकी तुम्हारे पास कोई दवा नहीं।

कोई आँसुओं से दर्द–ए–दास्तां बयां करते हैं,
कुछ लफ्ज़ों को मायने देकर,
लेकिन कुछ ही होते हैं, जो हँस कर दर्द–ए–दास्तां को,
ऐसे बयां करते हैं कि दर्द के मायने ही बदल जाते हैं।

दिल के किसी कोने में खरोंच जरूर है कोई।
वरना रिसते इस अहसास को अभी तक व्यापार बना लेता कोई।।

Thirst is not quenched, what should I
do with satisfaction?
There is no affection, what should I do with faith?
There is no cold, what to do with the cold air?

You are unaware of yourself, let me
show myself the mirror
This is the effect of eyes, no man, no god
it's a game
And what is the game that you don't
have what medicine

Some tears tell the pain
Some giving meaning to words
But there are only a few who laugh
and hurt the pain
They say in a way that the meaning of
pain gets clouded.

There is definitely a scratch in some
corner of the heart
Otherwise, the relationship would have made
this feeling a business till now.

वो पल वो दिन वो साल तक याद हैं हमें।
मेरे होने के अहसास का और तेरे छूटते साथ का।।
अब तो आलम यह है कि पहले पलों को जिया करते थे कभी
अब तो तारीखों में गुम से गये हैं।
हम तारीखों पर चलते हैं, दिन याद किसे।

मुझे बेचैन करती है तेरी परछाई,
अगर तुम नहीं हो तो, कह दो अपनी परछाई से,
मैं कोई और हूँ।।

गले का हार तू,
गले की प्यास तू
और गले की फाँस भी तू।
कौन समझे और कौन बुझाए है।
जेठ की गरमी की प्यास बुझाने का अमृत कहाँ है।
कोई ऐसा जो मुझे मेरे कण्ठ ही भुला दे।
लेकिन नामुमकिन है, वो तो कण्ठ की फाँस है।
दिल और दिमाग काम ही नहीं करता।
यह केवल हार, हार–जीत का हार नहीं गले का
जिसे केवल पहनना है और जीना है।

I remember that moment that day
and that year also.
The feeling of being me and of leaving you
Now the situation is that we used to
live the first moments
I am lost in dates
Who remembers the day we go on dates

Your shadow bothers me
If you are not there, then tell
your shadow
I am another one

Necklace of neck you
thirst of throat you
And you are also neck brace
Who understands and who has quench
Where is the elixir to quench the thirst
of June summer
Someone who makes me forget my throat
But it is impossible, that is neck brace
Heart and mind doesn't work
It's only necklace of neck, it's not defeat of defeat-victory
Who only has to wear and live

लिखते वक्त महसूस होता है अक्सर,
मुझे खुद से बिछड़े एक जमाना हो गया।
प्यार और पैसा एक जैसे हैं,
थोड़ा ध्यान ना दो तो फिसल ही जाते हैं।
मुझको मेरे से बाहर तो आने दो एक बार
फिर देखना दोस्तों तुम भी कहोगे पहचानते तो थे।
अब जानने भी लगे हैं।

जिनके नामों से ज़ेहन में धारावाहिक बन जाया करते थे,
अब तस्वीरें भर उभरती हैं।
तस्वीरों से ही हालचाल जानने लगा हूँ मैं आजकल तेरे।
गहराईयाँ थोड़ी कमतर होने लगी हैं,
खोने लगे हैं निशां तेरे, मेरी राहों से।

अब कोई आरजू ना रही, ना अब तेरी तलाश है।
देख लिया है, दूसरे धरातल को तेरी निगाहों से।
अब इस धरातल पर मुझे उन निगाहों की तलाश ना रही,
उस नज़र की अब इस नज़र को तलाश ना रही।

जीना तो उसी दिन भूल गये हम।
जब पीपल से हरा पत्ता टूट कर सड़क पर गिर गया।

Often felt while writing
It's been a while since I lost myself
Love and money are the same
If you don't pay attention, they will slip
Let me out of me once
Then see friends, you would also say
if you knew
Now started to know

Whose names used to become serial in mind
Now only the pictures emerge
Nowadays I have started knowing about you
only from the pictures
The depth is starting to decrease a bit
You are starting to lose your traces from my path.

Now there is no hope and neither is
you looking for
Have seen the other surface with your eyes
Now on this earth I am not looking for those eyes
That look is no longer looking for this look

We forgot to live on the that day when
the green leaf
Fell from the peepal tree on the road.

हथेली से निकल कर कब सितारों को छू लिया।
तुम्हारे आसमां का सफर मेरे हाथों की रेखाओं से निकला।

When did you leave your palm and
touch the stars?

The journey of your sky came from
the lines of my hands

अबकी बार
जब गुजरूँगा उसी रास्ते से तो जानूँगा
उस सड़क से,
उन पेड़ो से
उन किक्कर की झाड़ियों से
वहाँ उड़ते पक्षियों से
क्या तुमने सुना था
कोई संगीत,
कुछ सूखे पत्तों की आवाज,
कुछ चिड़ियों का चहकना,
नदी की कलकल का या
कोई गूँज प्रलय सी मानव नभ से,
या देखा हो
उन अधखुले नयनों को,
उन बिखरे बालों को,
खोई–खोई सी कुछ भूली सी हँसी को या
उस अचेतन मन को,
जो छोड़ गया था उस तन को विक्षिप्त सा।
अगर तुम सब 'हाँ' भी बोल रहे हो तो भी मेरी इस थकी सी,
हारी सी, कविता में,
जितनी बातें की होंगी मैंने तुमसे,
उन सबकी गहराई से
और मेरी नाकाफी उन भावनाओं से,
जो तुमको फिर से जीवंत ना कर सके,
हाँ,
मैं फिर तुमको विदा ना कर पाऊँगा।
अब लौट चले इक साथ,
धीरे–धीरे
उस बात की याद में
जो अभी बाकी है।

This time
Now I will pass through the same path,
then I will know
From that road
From those trees
From those bushes
From those flying birds
Did you hear
Any music
The sound of some dry leaves
Chirping of some birds
Creek of river
No echo from the human heart like a cataclysm
Or have you seen
Those bare eyes
Those scattered hair
Something lost is missing smile
The unconscious mind
The body that was left was like a deranged one.
Even if all of you are saying yes, then this is my
Tired
Lost, in poetry
Whom I would have talked to you
From the depths of all
And I'm not enough with those feelings
Who can't revive you
Yes
I won't be able to send you off
Now go back together
Slowly slowly
In memory of that
What remains

पतझड़ में शाखाओं से पत्ते क्या गिरने लगे।
वो समझे हम कमजोर होकर गिरने लगे।
पतझड़ में गिरने वाला मैं पेड़ नहीं,
थोड़ा इन्तजार करना पड़ेगा दोस्तों
क्योंकि अभी तो नये दोस्त शाखाओं पर फिर आने लगे हैं।
और उन नन्हें पौधों का क्या जो जमीं पर मुस्करा रहे हैं।

Why did the leaves fall from the
branches in the Autumn

they Understand that they started falling weak

I'm not a tree that falls in the Autumn

Have to wait a bit friends

Because now new friends have started coming
again on the branches.

And what about the little plants that are
smiling on the ground

समन्दर से आकर क्यूँ छूकर चली जा रही हो तुम,
मुझ बैठे हुए को।
यह लहरें और झाग
वापस चले जाते हैं समन्दर में मुझे गीला छोड़कर।
और यह आसमान भी, तुम्हारे इशारों पर,
मेरी कल्पनाओं को उधेड़बुन में छोड़कर
कुछ और कलाकृतियाँ बना देता है।
यह लहरें तो चंचल होती हैं
तुम तो समन्दर सी थी, लहरों सी चंचल क्यों बन गई।
आसमां सी थी, हवाओं सी हसीन क्यों बन गई।
आसमान भी हवा के साथ सब आकृतियाँ बदल देता है।
तुम्हारा स्वभाव तो ऐसा ना था
तुम तो समन्दर सी गहरी और गंभीर थी
आसमान सी स्थिर थी
चलो कोई नहीं
समेट कर अपनी नीली साड़ी,
बन कर लहर, हवा के तेज झोंके के साथ
आसमान से बरस जाओ आज तुम
चारों तरफ से घेर कर, समेट कर मुझे
मेरे पास ही बैठ जाओ
चलो आज फिर बातें करेंगे, कुछ इधर की, कुछ उधर की।

Why are you leaving by touching
from the sea?
While I am sitting
These waves and foam
They go back leaving me wet in the sea
And this sky is also on your gestures
Leaving my imagination in turmoil
Makes some more artwork
These waves are so fickle
You were like the ocean, why did you
become fickle like the waves?
You were like sky, why did you become
beautiful like the air?
Even the sky changes shape with the wind
It was not your nature
You were deep and serious like the ocean

You were stable like sky
Its okay
Wrap your blue saree
Become a wave with a gust of wind
You rain from the sky today
Surrounded me from all sides
Sit beside me
Let's talk again today, something here and there

भरोसा तो समन्दर और आसमान भी तोड़ देते हैं
कभी तराजू पर बैठ कर देखो।
अपने मन की कलम से कुछ
लिख कर देखो।
अनिश्चितता और ईमानदारी
अपने आप कागज पर आ जायेगी
नहीं तो,
अपने से कभी निकल कर देखो
नॉवेल क्या, ग्रन्थ तक लिख देंगे आप
अपने से निकल कर तो देखो, अपने में थोड़ा अहसास जगाकर तो देखो।
अपने मन की कलम से कुछ लिख कर तो देखो।

जब पेड़ से गिरते सूखे पत्तों को जमीं
मिल जाती है, मुकाम मिल जाता है
तो इतनी नाउम्मीदी नहीं
कि मेरे सपनों को,
मेरी उम्मीदों को
और मुझे ना जमीं मिले, ना ही मुकाम।

Trust breaks even the sea and the sky
Look at some time sitting on the scale
Write something with the pen of your mind
Uncertainty and honesty
Will automatically come to the pen
Otherwise
Look away from you
You will even write the book of the novel
Come out of yourself and see, wake up a little feeling and see
Write something with the pen of your mind

When the ground is covered with dry leaves that fall from the tree
Gets achieved, gets the point
So there is no hopelessness that my dreams,
My expectations
and I, got neither the ground nor the place

तेरे अहसास को,
ता ज़िंदगी ढोने की कोशिश,
कभी जंजीरों से जकड़ देती है,
मैं छटपटाता रहता हूँ,
तोड़ने की पुरजोर कोशिश करता हूँ,
और कभी उसी जंजीर को ठीक करता हूँ और मजबूत बनाता हूँ,
एक सुनार की भाँति, उसके नुक्के जोड़ता हूँ।
मुझे फूलों सी हल्की, खुशबूदार और आल्हादित करती है।
हौसला हो साथ तेरा तो इन जंजीरों को जिन्दा कर दूँ,
उन सुनहरे छोर को फिर पल्लवित कर दूँ,
इन काली सांखल में रंग निराले भर दूँ।

उनके सिलाई–कढ़ाई की महारत ने बचा लिया मुझको।
दिल तोड़ भी देते हैं और बिखरने भी नहीं देते।
दिल की दरारों पर कसीदाकारी अच्छी जो करती हो।
और दोस्त जब भी यह कहते हैं
आज तक दिल को टूटने से बचा कैसे लिया
और हमें तुम्हारे कसीदाकारी की बारीक सुईयाँ याद आती हैं।

मैं आजकल पलकें भी इसलिये नहीं झपकाता कि
अक्सर अन्धेरे में तुमसे मुलाकात जो हो जाती है।

To your feelings
Feeling of carrying whole life
Sometimes chained up
I keep nagging
Try hard to break
And sometimes fix that chain and
makes them stronger
Like a goldsmith, connect their hooks
Makes me light, fragrant and happy like flowers
If you have courage, then I will bring
these chains alive.
Make those golden ends shine again
Let me fill this black circle with unique colours

Her sewing skills saved me
Hearts break and don't let it scatter
does well embroidering on the heart cracks
And whenever friends say this
How did you save your heart from
breaking till today?
I miss the fine needle of your embroidery

I don't even blink nowadays because
I often meet you in the dark

मैं हार्ट ट्रान्सप्लांट केवल इसलिये नहीं करवाता दोस्तों,
कहीं उनके वो अहसास, वो यादें, वो रूमानियत,
कहीं गुम ना हो जाये।
उसके बिना दिल, कोई दिल नहीं मशीन बन जायेगा।

आर्चिज के उस कार्ड को फाड़ने की कितनी नाकाफी कोशिशें कर चुका हूँ मैं।
जिन पर लिखे एक–एक शब्द को समझाया था तुमने
अहसास कराया था तुमने कि,
तुमको कुछ समझ नहीं है।
जब भी हाथ में लेकर फाड़ने की कोशिश भर करता हूँ,
तो हाथों की शक्ति क्षीण हो जाती है।
थक हार कर पिछली दफा जलाने की सोच रहा था उस कार्ड को।
न जाने कहाँ से माचिस में सिलन आ गई,
मैं बस तिलीयाँ रगड़ता रहा।
कोशिश फिर नाकाफी रह गई।
सोच रहा हूँ गंगा में बहा कर यादों से मुक्ति पा लूँ
फिर सोचता हूँ कहीं कार्ड को बहाने की कोशिश में
गंगा में उफान न आ जाये।
लोग कह रहे हैं हिमालय तेजी से पिघल रहा है।

I don't do heart transplant because friends,
Somewhere in that feeling, that memories,
that romanticism
Don't get lost somewhere
Without her the heart, no heart will
become a machine

I have tried so hard to tear that card from Archies
Write on whom you explained every single word
You realised that
You don't understand anything
Whenever I try to tear by taking it in my hand
So, the power of the hands gets lost
Was thinking of burning that card last time after giving up
Don't know from where the dampness in the match came. I
kept rug matchstick
The attempt again failed
I am thinking that I can get rid of memories by flowing in
the Ganges.

Then I think somewhere trying to shed the card
Don't let the Ganges overflow
People are saying Himalaya is melting fast

हमने लाखों नगमें लुढ़का दिये इन नयनों से
और वो आँखें भी ना झपका सकी
उस गज़ल के लिये
जो हमने साथ लिखी थी।
अब पता नहीं क्यों लगता है कि वो आयेगी भी या नहीं मेरे नगमें सुनने,
कभी सोचता हूँ वो है या मेरा ख्याल भर तो नहीं।
काश वो ख्याल ही क्यों ना हो जाये वो लम्हें।
हमें अपना बीता वक्त तो मिल जाता।
सुना है वक्त बेशकीमती होता है
क्योंकि वापस जो नहीं मिलता।

यह बारिश रिमझिम क्यों होती है,
सब कुछ एक साथ बरसता क्यों नहीं,
मैं तो देखता रहता हूँ, आँखें भरके बस।
तू है कि धीरे–धीरे जान लेने को बैठी है
और हम नादान हथेली में जिगर लिये बैठे हैं।
अब जान लेने तो आ जाओ
तुम्हारा खंजर मेरे जिगर को चीर दे
बस तुम ना अपनी पलकें मत झपकाना।
मैं देखता रहूँ आँखें भरकर तुम्हें।

I have rolled millions of songs with these eyes
And she couldn't even blink
For that Ghazals
What we wrote together
Now I don't know why it seems that she will come
or not listen to my songs
Sometimes I think she is or it's my imagination
I wish that thought should not happen
Those moments
I would have got our time
I have heard that time is precious
Because what doesn't get back

Why rain is drizzle
Why doesn't everything rain together
I just keep looking with my eyes
You are slowly sitting to take life
And I am sitting like innocent with the liver in palm
Come to kill now
Your dagger ripped my life
Just don't blink your eyes
I'll keep watching you with my eyes

गलती कर दी हमने गिलहरियों को चिड़ियों से बतियाना सिखा दिया।
और गलती कर दी तुमने मुझे जो फूलों की बातें सुनना सीखा दिया।
अब जब तुम नहीं हो तो वो चुगलखोर चिड़ियाँ और गिलहरी तुम्हारी आशिकी के किस्से फूलों को सुनाती हैं।
जिसे तुम रोज दाना देती थी
और तुम ही कहा करती थी ना, फूल खुशबू नहीं, किस्से–कहानियाँ बिखेरते हैं।

मैं कातिल कैसे हो सकता हूँ उसका,
वर्षों पहले उसने मुझे बेजान कर दिया था।
कहते हैं वर्षों से मेरी मज़ार पर फूल चढ़ाने की आदत ने ही उन्हें मार दिया,
इस बार जब वो आये तो मेरे ना बताने की आदत को उन्होंने समझ लिया और
खुद को कातिल समझ लिया।
बैठी है रूआसाँ सी मेरी मज़ार के पास अपनी मज़ार का बोझ सीने पर लिये।
देखा है मेरी मज़ार के पास उसकी मज़ार पर लोगों को फूल चढ़ाते।

कहानियाँ अगर सुननी है तो उस तकिए से पुछो
जिसने तेरे और मेरे आँसू
और साथ देखे सपनों की गुफ्तगू संजोये रखे हैं।
काश आँसू दास्ताँ कह पाते,
तकिए सुना पाते कहानियाँ,
वो तुम्हारी चुन्नी कुछ लिख पाती...
काश ऐसा होता तो ज़िन्दगी कितनी आसां हो जाती।

Made a mistake, we taught squirrels
to talk with birds

And you made a mistake that you taught
me to listen to flowers

And when you are not there, that chirpy bird and
squirrel telling to the flowers of your love

Whom you used to feed daily

And you used to say, flowers don't smell they
spread stories

How can I be her murderer

Years ago, she made me lifeless

It is said that over the years the habit of offering
flowers to my tomb killed them.

This time when he came, he understood the
habit of not telling me and

considered herself a murderer.

hopelessness is sitting near my tomb carrying the
burden of her tomb on her chest.

I saw the people offering flowers to their
tomb near my tomb

If you want to hear stories then ask that pillow

Who, your and my tears

And watch together have kept the secrets of dreams

I wish tears could say story

Pillows could tell stories

Your sardine could write something

I wish if it happens life would be so easy

आज जब तुम सर्द हवा बन कर गुज़री,
और हम जाने क्यों लिहाफ के आगोश में लिपटे रहे।
हम लिहाफ ओढ़े रह गये, वो अहसास बनकर चली गई
महसूस कर पाये तो बस सर्द हवा के साथ उसके गर्म साँसों को।

मेरी शोहरत पर वो हसीन हो गई,
और तेरी शिरत पर हम शरीन हो गये।

तेरे किस्से और अफसानों के कुछ हिस्से अब समझ पाया हूँ मैं।
समझदारी तेरे हाथ छोड़ते ही आने जो लगी है।

तुझे गुनगुनाने के लिये कभी–कभार गज़ल सुन लेता हूँ,
और तुझे भुलाने के लिये मैं कभी–कभार गज़ल लिख लेता हूँ,
और जब कभी तेरी याद आती है तो कभी–कभार गज़ल सुना देता हूँ।

आइना तेरे से क्यों झूठ बोलता है।
जो दिन भर तेरे को देख कर तेरी अदाओं को गुणता है।
ये खुदा मुझे आइना बनाना क्यों नहीं सिखा देता।
तेरी हकीकत तो रख दूँ आइने में।

Today when you passed like a cold wind
I don't know why we were wrapped
in the lap of the quilt
We were covered, she left as a feeling
If i can feel it, just feel his warm breath
with the cold air

She become beautiful on my fame
I become sweet on your behaviour

Now I have understood some parts
of your tales and affluence
The wisdom that has started coming
as soon as I leave your hands

Sometimes I listen to ghazals to make you sing
And sometimes I write ghazals to forget you
And whenever I miss you, sometimes I recite ghazals

Why does the mirror lie to you?
One who sees you all day long and
qualifies your performance
Why doesn't God teach me to be a mirror?
Keep your reality in the mirror

तेरी आँखों का प्याला होठों से लग गया
जन्नत–ए–खुशी मिल गई।
इक बार निहार लो,
खाक–ए–गुलिस्ताँ हो जायेंगे तेरी बगियाँ के वास्ते।
मुझ से आँखें चुरा कर निहारना छोड़ दो,
चलो आज चाँद की दूरियाँ नाप आयें।

नज़र उठा कर गुस्ताखी कर ली हमनें।
आइने के माफिक साफ हो गये हम।
रूबरू तुम से भी हो लेंगे,
पहले खुद को जान तो लें हम।

कातिल का चाकू कुछ ऐसा था कि,
हमनें खुद गर्दन पर लगा लिया
और ज़िंदगी को उसके नाम कर दिया।
चुपचाप देखता हूँ, उनके हाथों में मेरी मौत का सामान।
हाथों में नाखूनों को खंजर बना बैठी है वो।

बहुत दिनों से हाल नहीं देखा तुम्हारा,
देखो, चलो आज यार के दिल का हाल पूछ लें,
जाने ऐसा क्या हो गया,
तुम्हारे गम को हम जमाने का गम समझ बैठे।
हमने तुम्हारे गम को आँका
और जमाने के गम को छोड़ दिया।
ऐसा गम कुछ खुशकिस्मत वालों को ही सताता है।

The cup of your eyes fell from the lips, I have found happiness of heaven
Take a look
Will be soil of garden for your flower garden
Stop staring at me
Let's measure the distance of the moon today

We dare to look up and a peek
We become clear like mirrors
Will meet you too
I should know myself first

The murderer's knife was such that
I put myself on the neck
And named life after her
I silently see the stuff of my death in his hands
She is making nails a dagger in her hands.

Haven't seen you for a long time
Look, let's ask the condition of my dear's heart today
I don't know what happened
I mistook your sorrow as the sorrow of the times
I judge your sorrow
And left the sorrow of the world
Such sorrow hurts only the lucky ones.

मत देखो उन गुनाहों को,
जिनको तुम पसन्द करते हो।
मौत तो आनी ही है,
दरवाजा कल तक खटखटा ही देगी।

यादों को रूँघते देख कर खामोश हूँ,
घरौंदे से तिनके गिरते देखता हूँ।
अपने ही रिश्तों को घुटते देख आज,
ऐसा लगा कि हसरतें कितनी बढ़ गईं...
देखो वो दूत सब का हिसाब लिख रहा है।
तेरी मोहसनी और मेरे गुनाहों का।

दर्द की खुशबू लम्बे समय तक रहती है,
खुशी का फूल थोड़ा जल्दी मुरझा जाता है,
दर्द को सहेज के रखो दिल में,
हमें अब खुशबू से इश्क हो गया है।

तेरे आने की खुशबू आने लगी है,
लेकिन अभी नज़र से दूर तू है,
तेरे ख्याल की गुफ्तगू है और कुछ नहीं।

तेरे अहसास मेरे पास हैं,
रोया नहीं पर थोड़े उदास हैं।
मिटा देंगे तेरा नामोनिशां लेकिन,
तुमसे मिलने का अहसास बाकी है,
और थोड़ी आस बाकी है।

Don't look at those sins
Whom you like
Death is bound to come
Will knock on the door by tomorrow

I am silent looking at the memories
I see straws fall from the house
Seeing your own relationships suffocating today
It felt like the happiness increased
Look, that messenger is writing all of the accounts
Your infatuation and my sins

The smell of pain lasts for a long time
The flower of happiness fades a little sooner
Keep the pain in your heart
I'm in love with the scent now

The smell of you coming
But now you're out of sight
It's a matter of your thoughts and nothing else

I have your feelings
Didn't cry but I'm a little sad
Will erase your trace but
Feelings left to meet with you
And there's still some hope

इश्क का रंग घोर लाल है,
और खुदा का सफेद।
मेल नहीं इन रंगों में,
क्यों महसूस करना चाहूँ मैं आज।

जाने किधर चले गये, मेरी खुशियों को लेकर,
मुझे भी कह देते हम भी साथ चलते तेरे,
अपने को बिखेर कर,
जाने कहाँ चले गये।

हाथ उठा कर याद तो करो मुझे,
मेरे जिगर का लहू तुम्हारे हाथों को लाल ना कर दे तो
मेरा कलमा ना पढ़ना कल से।

इत्तफाकन वो हम ही थे,
जिसका ख्याल तुम्हारा ही होगा,
जब आता है, आँखों में आँसू
दिल में खुशी दे जाता है।

जन्नत निशां होने के वास्ते दिल की सारी गाँठें खोल कर,
ओस में ठण्डा करके जमाने के सामने रखना पड़ता है।

The colour of love is fierce red
And god's white
Mismatch in these colours
Why I want to feel today

Don't know where have you gone
with my happiness,
Would have told me too, I would also
walk with you
Scatter ourself
Don't know where did you go

Remember me by raising your hand
If the blood of my heart doesn't turn
your hands red
Don't read my Kalma from tomorrow

Coincidence it was me
Who cares for you?
When it comes, tears in my eyes
Bring joy to the heart

Opening all the knots of the
heart to be a paradise
It has to be kept in front of the age
by cooling it in the dew.

जो समझ ना सके तुझे,
वो कैसे समझ गए कि वो समझेंगे मुझे।
कैसे उनको यह विश्वास हुआ।
बुला लो मुझको अपने पास कि तुम बहुत इतराती थी इस दिन पर,
क्योंकि थकान के बाद बादलों को सिराहने लगा कर निश्चिन्त होकर,
तेरे साथ नींद लेना चाहता हूँ।

चाँद लिये इतराता है कानों की बालियाँ,
उम्र के इस पड़ाव में जुल्फें भी चाँदनी फैला देती हैं।
गेसुओं की महक अब फिजाओं में नहीं,
मेरे ज़ेहन में बह रही हैं।

बर्फ के दरिया में सोया था पीपल का पेड़,
लिये सूरज की सिन्दूरी चमक और चाँद सी शालीनता...
वो पीपल का पेड़ खड़ा था पहाड़ की छाती पर,
देकर छाया मैदानों को।

Who doesn't understand you?
How did he understand that he would understand me?
How did they believe it?
Call me near you that you used to flaunt
a lot on this day
Because after tiredness, by putting the
clouds at the head, be sure.
Want to sleep with you

The moon flaunts ear rings
Even at this stage of age, even the
hair swirls spread the moonlight.
The smell of hair fringes is no
longer in weather
Flowing in my mind

Peepal tree slept in the snow river
with the vermilion shine of the sun and
the decency of the moon
That peepal tree was standing on the
chest of the mountain
Giving shade to the plains

पतझड़ में सूखे पत्तों को सरसराती हवा में उड़कर,
मेरे पैरों तले उसके कराहने की आवाज,
मुझे मेरे सपनों की याद दिला गया।
रौंद कर सपने फिर से नये पत्ते लगाये हैं, इस पेड़ पर मैंने।

मुझको वह राह क्यों नहीं भाती जो सीधी सपाट और
सुन्दरता से सराबोर हो,
जहाँ से मंजिल सामने दिखती हो।
लेकिन इसे कौन समझाये कि मंजिल ही सफलता नहीं होती।

जो मिल जाये वो तुम तो नहीं हो सकती,
सताने की आदत जो है तुम्हारी अभी भी।

सख्त हाथों से छूट जाते हैं हाथ,
रिश्ते जोर से नहीं, तमीज से थामे जाते हैं।

ज़िन्दगी है ख्वाबों की,
ख्वाबों की है ज़िन्दगी,
कोई मोड़ ना दो,
हम भी हैं सफर में,
तुम भी हो सफर में,
क्यों ना कायनात को किनारे ले चलें।

Rustling dry leaves flying in the air in autumn
The sound of his groaning under my feet
Reminded me of my dreams
I have trampled dreams on this tree
and planted new leaves again

Why don't I like a path that is straight,
flat and full of beauty?
From where the destination appears
in front of me
But who can explain that success is not
the only destination?

You can't be what you get
You still have the habit of harassing

Hands are left with hard hands
Relationships are not held by force,
it's held with the etiquette

Dreams of life
Life of Dream
Don't turn
I am also on the journey
You are also on the journey
Why not take the universe to the shore

बाती के आँसू नहीं दिखते,
सुना है, जल कर दीपक को जो रौशनी देता है।

पता नहीं क्यों जब भी चाँद को उकेरना चाहता हूँ,
वो पंछी पंख फैलाये चाँद के सामने उड़ने लगता है।
मुझे चाँद की मजबूरी को याद दिलाने लगता है।

अजब रंग में गुजरी है ज़िंदगी अपनी,
दिलों पर राज किया मोहब्बत से महरूम रहकर।

वक्त मिलता नहीं इतना कि तेरे बारे में सोचूँ,
समझूँ या तुझे देखूँ ऐ ज़िंदगी।
और तुम हो कि कहती हो नज़्म लिख दो मुझ पर।
व्यस्त होने का आलम यह है कि,
आइने में दिखकर थोड़ी देर लगती है खुद को पहचानने में।
कभी–कभार आइने में देखकर खुद से गुफ्तगू कर लेता हूँ
कि अहसास रहे कि जिन्दा हूँ अभी।
और तुम हो कि कहती हो नज़्म लिख दो मुझ पर।

ख्वाबों में सिलसिला टूट गया,
इंतज़ार नहीं अब उसका,
लेकिन कैसे कहूँ कि उम्मीद भी नहीं।

Wick's tears are not visible
I have heard that the one who
gives light to the lamp by burning

I don't know why whenever I want
to carve the moon
That bird spreads its wings and starts
flying in front of the moon.
Reminds me of the compulsion of the moon

Life has passed in strange colours
ruled the hearts and was deprived of love

O life, I don't get enough time to think
about you, understand or see you
And you say write a poem on me
The point of being busy is
It takes a while to recognise myself by
looking in the mirror
Sometimes I do conversation with
myself by looking in the mirror
To realise that I am alive now
And you say write a poem on me

Continuation broke in dreams
No longer waiting for him
But how to say that there is no hope

सफर है इतना सुहाना कि,
जिसको मंज़िल समझा करते थे,
उसके आने का अहसास तक नहीं हुआ।
बस, निहारते हुए फिर सफर पर निकल गये।

तेरे सवालों को मेरे यकीनों से,
तेरे अन्तरविरोध को मेरे विश्वास से,
ऐ ज़िंदगी आज़ाद कर दे।

हम अगर चाँद होते तो, अमावस को पूनम बना देते।

डरता हूँ मिलने से तुझसे
कि कहीं मेरी कहानियाँ सुन लूँ ना तुझ से।
कहानियों का कोई ओर है ना कोई छोर है,
बस, उन बेबसियों का जोर है
जिनको हम अब ख्वाबों में भी नहीं रखते।

The journey is so pleasant
who considered destination
didn't even realise his arrival
Just looking at it again went on a journey

O life
free your questions from my certainty
free your contradiction from my beliefs

If we were the moon, would have turned
the new moon into full moon.

Afraid to meet you
That I should not listen to my stories from you
There is no end to the story
That's the end of those helplessness
Whom we no longer keep in dreams

बेचैनियाँ

ऐ तकदीर इक बार मौका दिया होता,
अव्वल कौन आता देख लेते हम भी।
आँखों से यह दकियानुसी चश्मा हटा के
तो देखो हमारी काबिलियत को।
हम भी थे इंतज़ार में तेरे...
थोड़ा तो ध्यान दिया होता।

सुबहसुबह जिस्म की अकड़न, दोपहर की
रोटी और शाम को मजूरी क्यों नहीं भुलते।
क्यों यह वादों को ढूँढते फिरते।
जाने क्यूँ पेशानी से टपकती बूँद मुझे
खून से सनी लगती हैं।
मुझे यह खुबसूरत धरती पसीने के साथ खून से तर लगती है।

Restlessness

A fate would have been given once
a chance, who would have come to
see the top, I too
Take off these skewed glasses from my
eyes and see my ability
I was also waiting for you.....
Would have paid little attention

Morning stiffness,
Why don't you forget the midday
bread and the evening wages?
Why is he looking for promises?
I don't know why the drop is dripping
from forehead
Looks like blood
I find this beautiful earth bloody with sweat

वो तिरंगा लिये तराने गुनगुनाता था।
भगत सी कलम, आजाद सा हौसला,
अश्फाक सी रूहानियत, राजगुरू सा जुनून
और बिस्मिल सी सरफरोशी से बुना था
उसने अपना हिन्दुस्तान।
और लिये ज़ेहन में गाँधी, नेहरू और बाबा साहेब सा भारत।
ना जाने कब वह नक्सल बन गया।
और ना जाने कब उसने तिरंगे के तीन रंगों
के संगम में एक और रंग भी देख लिया।
कहता है तिरंगें के तीनों रंगों के घोल से
अशोक चक्र बनता है।
हाँ, वो कहता है थोड़ा देखो गौर से
अशोक चक्र की पंखुड़ियाँ सा नीला बनता है।
रंगों के घोल के झोल में तिरंगें को वह चौरंगा बना गया
नीले रंग को झण्डे और सियासत के केन्द्र में ला दिया।
लाजिम था बवाल यहीं से उठ गया।
ना जाने कैसे तिरंगे का अपमान वो कर गया।
तीन रंगों की राजनीति में चौथा रंग वह जोड़ गया।
ना जाने कब वह क्या–क्या बन गया।

इंतज़ार तो आस्था वाले करते हैं।
तर्क तो मौका ढूँढता है।

He used to hum the tune carrying the Tiranga

Pen like Bhagat, courage like Aazad

Spirituality like Ashfaq, Passion like Rajguru

And was woven from Bismil's Sarfarosi

He owns his country

And keeping in mind Gandhi, Nehru
and Baba Sahib's India

Don't know when he became a naxal

And don't know when he saw another colour in the
confluence of the three colours
of the National Flag

It is said that Ashok Chakra is formed
by mixing three colours of the tiranga

Yes, he says look a little carefully

Turns blue like the petals of Ashoka Chakra

In the mixture of colours, the Tiranga (tricolour) became
the four colours.

Blue flag and brought it to the centre
of the princely state

It was normal that the ruckus arose from this

Don't know how he insulted the Tiranga

added fourth colour in the politics
of three colours

I don't know what happened when

The people of faith used to wait

Logic seeks opportunity

तुम तो थोड़ा सुकून से मेरे से मिलने आना,
नहीं तो सुकून में भी कुछ ढूँढते रहते हैं साथी मेरे।

यह मान लो मर्जी पर शांत मन से ज्यादा तेरी खुमारी
मुझे ज्यादा सरल और संजीदा बनाती है।

कब तक सपने ही देखते रहोगे।
सपनों में ही सपने को पूरा कर रहे हो।
कब इन सपनों को खुली आँखों से देखोगे
कब इन सपनों को मेरे साथ जियोगे।

आज फिर उड़ने की कोशिश कर रहा हूँ मैं।
तेरे साथ ने उड़ना ही भूला दिया था।
आज फिर पंखों को सँवारा है।
बोझिल पंखों को फिर फड़फड़ाया है।
कोशिशों से उम्मीदें रमजान होती हैं।

You come to meet me with a little comfort
Otherwise, my friends keep looking
for something even in peace.

Believe it, but your happiness is more
than a calm mind
Makes me more simple and serious

How long will you keep dreaming
Making dreams come true
When will you see these dreams with open eyes
When will you live these dreams with me

I am trying to fly again today
I forgot to fly with you
Today the wings are riding again. The
cumbersome wings have been flapped again
Efforts to live from expectations

खिलौने और टॉफियाँ कहाँ... अब मेहनत की रोटियाँ हैं यहाँ।
वो जो काम करता है,
रोता नहीं, सोता नहीं।
अमावस की मजुरी को, बड़ी बहन के दहेज को संजोता है,
बचपन का पत्ता नहीं, देखा है सीधे उतरती जवानी को।
माँ, बड़ी बहन, छोटा भाई और हफ्ता लेने वालों को
देखा है जो उसके अपने नहीं।
उसके अपने भरोसे पर IIM में विश्वास और
हिम्मत पर Workshop क्यों नहीं कर देते।
वो कोई सुनहरा सपना नहीं, ना कोई किसी सुन्दर बाग का फूल,
वो तो इधर की, उधर की बातें हैं
जैसे कुछ हुआ ही ना हो।
देखो छोटू घर छोड़ कर चला गया।
वो तो इधर की, उधर की बातें हैं।

अब तो कहना ही पड़ेगा कि
आप आजकल मेरे मामलों में
बिन माँगे ही दखल देते हो और
ना जाने क्यों खामखाँ अपनी अक्ल देते हो।

आसमान में उड़ने की अब ना कहो दोस्त
पंख अब आलसी से होने लगे हैं।
अब दीपक की लौ बाती को खाने जो लगी है।

Where are the toys and toffees, now
here are the bread of hardwork

The one who worked

Don't cry don't sleep

Cherishes Amavas's wages to elder sister's dowry

Childhood is not known, I have seen
youth coming straight

Mother, elder sister, younger brother and have
seen the week takers who is not his own

Why don't you believe in on your own trust and
do not believe in courage?

It is not a golden dream, nor a flower of
a beautiful garden

It's here and there

As if nothing happened

Look, Chotu has left the house and gone.

It's here and there

Now I have to say

You are in my case nowadays

Interfere without asking and

Don't know why do you give your wisdom

Now say no to flying in the sky, friend

Feathers are now lazy

Now the flame of the lamp is starting to
eat the wick.

दुनियाँ के दस्तूर ही कुछ ऐसे हैं दोस्त।
आज मासूम भी चालाक बने घूमते हैं।
और जो चालाक हैं वो मासूम बनने के
लिये पार्लर में बैठे हैं।।

तारों की रोशनी में नहाकर राते गुजारी हैं,
अब सूरज की किरणें आँखों में चुभने लगी हैं।

हसरतों का हवाला मुझे ना दे ऐ नादान,
हम तो राहगीर ठहरे।
हम तो माफी माँग–माँग के बड़े हो गये,
जाने कब वो हम से छोटे हो गये।

स्वतन्त्रता निरपेक्ष और निष्ठुर होती है।
ना कोई हम को दे सकता है,
और ना कोई हमसे ले सकता है,
यह लेन–देन तो केवल छलावा है।

शब्द तो यदा–कदा चुभते ही रहते हैं सबको,
जब मौन चुभने लगे तो सँभल जाना चाहिए।

The customs of the world are such friends
Today even the innocent roam around as a clever
And the one who is clever is sitting in the parlour to be innocent

The night has passed by bathing in the light of the stars
Now the rays of the sun have started stinging in the eyes

Don't give me the reference of desires, innocent
We are passers-by
We have grown up apologizing
Don't know when he became younger than me

Independence is absolute and ruthless
No one can give me
And no one can take from me
This transaction is just a hoax

Words always sting
When silence starts stinging, then you should conscious

बेतरतीब जंगलों के राही हैं,
इन बेतरतीब शहर की सड़कों पर दम घुटता है।

दिखावा कितना हो गया है जमाने में,
सच्चे लगने लगे हैं जमाने को, यह झुठे लोग।

कई आलीशान घरों को देखा है,
अन्दर झोपड़ी सी गरीबी देखी है।
भीड़ लगी है तीमारदारों की फिर भी तन्हा उसको देखा है,
दूर से शांत समन्दर में ज्वालामुखी को आग उगलते देखा है।
हाँ मैंने कई आलीशान घरों को देखा है,
मैंने जज्बातों को रोते हुए देखा है,
कपट को हँसते देखा है।
दिखावे का आलम ऐसा,
मंगलसूत्र भी नकली पहने देखा है।
हाँ मैंने आलीशान घरों में इज्जत को पाँवों में देखा है,
हाँ मैने आलीशान घरों को देखा हैं।

धड़कनों की उफान में उखड़ते देखा है,
नसों में बाढ़ को बिखरते देखा है,
नहीं रुक पाया सैलाब आँखों का,
फिर भी मुस्कराते मुखौटे को देखा है।
कितना स्वाभिमानी है यह मुखौटा।

traveller of the random forests
Suffocating on these random city streets

How much is the show off in world?
For the time being, these false people
are starting to seem true

Have seen many luxurious houses
See poverty like hut from inside
There is a crowd, the attendants are still lonely,
have seen him
Have seen the volcano erupting in the calm sea from afar
Yes I have seen many luxurious houses
I've seen emotions cry
Have seen fraud to laugh
situation of the show off like
wearing mangalsutra is also seen as fake
Yes, I have seen respect in the feet of
luxurious houses
Yes, I have seen luxurious houses

I've seen them crumble in a boom of beats
Have seen the nerves scattered in the flood
The flood of eyes could not stop
Still have seen smiling masks
How proud is this mask

मेरा लोकतंत्र जवान हुआ है,
लोकतंत्र में लोकतंत्र का दम घुट रहा है।
हजारों लाखों का मत लिये दुम दबाए फिर रहे हैं।
लोकतंत्र में लोकतंत्र छुप रहा है,
लोकतंत्र की जासूसी करता लोकतंत्र फिर रहा है।
जितने वोट मिले, उतने रुपये में पाला बदल दे,
ऐसा लोकतंत्र जवान हुआ है।
यह तो आइना है तेरे और मेरे परिवार का,
जो आजकल देश भर में दिख रहा है...
लोकतंत्र में लोकतंत्र बिक रहा है।
मजबूत बनायेंगे हम लोकतंत्र कहने वाले मजबूर हैं,
लालच में कहीं बिक ना जाए,
इसलिए लोकतंत्र के आका अब लोकतंत्र की बाड़ाबन्दी करने लगे हैं।
सुना है देश का लोकतंत्र अब जवान हुआ है।

मूक दर्शक बन खड़ा है तू।
पाषाण की तरह चुप किस सोच में पड़ा है तू।
बेबुनियाद झुठे–सच्चे धागों की उलझनों को छोड़,
आने वाले दिन किसके साथ बिताना है, सोच जरा तू।
क्या यह चन्द लफ्ज़ों की आस तुझे जुगनुओं के सहारे जंगल पार करवायेगी।
परख सके तो जान, क्या जुगनुओं के पंख तेरे सपनों को मंजिल दे पायेंगे।
है गर तेरे सीने में तो उसे कहना होगा,
आवाज़ को जिन्दा कर, खुद के पैरों पर चलना होगा।

My democracy is young
Democracy is suffocating in a democracy
For thousands of millions of votes, the tail is being pressed again.
Democracy hiding in democracy
Democracy spying on democracy is back
Switch side in that amount with how many vote did you get
Such a democracy is young
This is the mirror of you and my family
Which is now visible across the country
Democracy is selling democracy
We will make it strong, we are compelled to say democracy
Don't sell in greed
That's why the masters of democracy have now started fencing democracy.
Have heard that the democracy of the country is now young

You are standing as a silent spectator
In what thought are you lying silent like a stone?
Leaving the tangle of baseless false true threads
With whom to spend the coming days, think about you
Will these few words that hope will make you cross the forest with the help of fireflies?
If you can test then know, will the wings of firefly give destination to your dreams?
If it's in your chest then he'll have to say
With the voice alive, we have to walk on my own feet

काश स्याही बिखर जाये,
और मुक्कमल फरियाद बन जाये,
कलम के कन्धे कमज़ोर हैं।

अब मैं बेचैनियाँ दिल में सँभाल कर रखता हूँ,
मुझे मेरे होने का अहसास जो कराती हैं।

सरकारी हूँ पर सरकार नहीं
हुकूमात हूँ पर हुकूमत नहीं
बंधा महसूस करता हूँ, डरता रहता हूँ।
माथे पर कुछ अजब सा शोर है,
बेचैनियों का ज़ोर है।
कुछ लिख ना दूँ, कुछ बोल ना दूँ,
परेशानियों को मोल ना लूँ।
काश मिल जाये दोहरी नागरिकता मुझे,
कुछ लिख पाऊँ, कुछ बोल पाऊँ,
मन की भड़ास निकाल पाऊँ।
हाँ दूँगा अपनी पहचान कि मैं सरकारी हूँ।
उम्मीद है नागरिकता मिल जाये मुझे।
कुछ लिख सकूँ, बता सकूँ कि
खून मेरा भी है हिन्दुस्तान की माटी में,
कुछ लोगों की जागीर नहीं।

I wish the ink was scattered
And become a successful complaint
The shoulder of the pen is weak

Now I keep restlessness in my heart
What makes me feel like I am

I am official but not government
Ruling but not kingdom
Feel tied up, scared
There is some strange noise on the forehead
Restlessness prevails
Don't write anything, don't say anything
Don't take the troubles
I wish I got dual citizenship
Can write something, can say something
Get out of my mind
Yes, I will give my identity that I am official
Hope I get citizenship
Can write something, can say something
My blood is also in the soil of India
Not the property of some people

आदत ना रही अब पसीना बहाने की
आदत ना रही अब एयर कंडिशनर से बाहर आने की।
सत्ता और कुर्सी ने ऐसा निर्बल और
निर्लज बना डाला कि कहीं सात पुस्तों की
करी करायी व्यवस्था चौपट ना हो जाये।

थोड़ा आराम से चला करो।
और अगर जल्दी है तो फ्लाइट से चले जाना।

तुझे पूजता रहा और तेरे घर के खम्भे, खिड़कियाँ और दरवाजों की
नक्काशी के लिये छेनी–हथौड़ा से पत्थर तरासता रहा।
तेरा तो गगनचुंबी मन्दिर बन गया,
भक्तों का टोला रम गया।
न जाने कैसे तेरे मन्दिर को तराशते,
मेरे मन में तेरे नाम के साथ ही नक्काशी का पत्थर जम गया।
डाक्टरी भाषा में इसे सिलिकोसिस कहा गया
हाँ, तेरे भक्त को सिलिकोसिस हो गया।
बचपन से सीधा बूढ़ा बन गया
और 45 की उम्र में तेरे में मिल गया।
कह क्यों नहीं देते इन पाखण्डी अमीरजादों से
कि तुम नक्काशीदार आलीशान मन्दिरों में नहीं रहते
ताकि मेरे अपने तो देख सके जवानी अपनी।
या तुझे भी चाव जगा है महलों का जगमगाहट के रेलों का।

I am not used to sweating now
It is no longer a habit to go out of the air conditioner
Power and chair made such a weak
and shameless
That the arrangement made for seven
generation should not be ruined.

Take it easy
And if it's early, then leave the flight

Worshipped you and kept the pillars
and doors of your house.
For carving, the chisel kept carving
stones with a hammer.
Your temple has become a skyscraper
Devotee's group got rammed
Don't know how to carve your temple
With your name in my mind, the carving stone got frozen.
In medical language it was called silicosis
Yes your devotee got silicosis
Grew old straight from childhood
And got me at the age of 45
Why don't you tell these hypocritical rich people
That you do not live in sculpted luxurious temples so that
my own youth can see my own
Or you too have a passion for the
palaces of the sparkle.

दिल में यह है जो डर का किला।
डर का किला।
तोड़ दो उसे तुम,
एक धक्के में यह ढह जायेगा।
आओ मिलकर हम साथ चलें...
बढ़ते चलें...
काफिला ना रोके रूक पायेगा।

The fort of fear in my heart
Fortress of fear
You break it
It will collapse in one stroke
Let's go together
Keep going
The convoy will not be able to stop

हिन्दू मन्दिर–मन्दिर बोल, मुस्लिम मस्जिद–मस्जिद बोल।
तू ना मन्दिर बोल, ना मस्जिद बोल।
भूल कि भूखा मरता है तू
भूल कि मेहनत करता है तू
खुल ना जाये धर्म की पोल।
मन्दिर बोल मस्जिद बोल।
धर्म का झण्डा उँचा कर, आपस में ही लड़कर मर।
फट ना जाए धर्म की पोल
मन्दिर बोल मस्जिद बोल।
एक हमारी और एक उनकी मुल्क में आवाज़ें दो।
तुमने क्या माना, तुम क्या जानो उसको अपने पास रखो।
हम कहते हैं जात धर्म इंसान की पहचान गलत
वो कहते हैं सारे इंसान एक हैं यह फरमान ही गलत।
हम कहते हैं इन्सानों को इंसानों से प्यार रहे,
वो कहते हैं भूल के नफरत प्यार की कोई बात करो।
वो कहते हैं खून–खराबा होता है तो होने दो।
भुला दो कि ज़िंदगी में कोई सपने भी हैं तेरे,
भुला दे कि कोई अपने भी हैं तेरे,
काम–काज के चक्कर में छूट ना जाये धर्म की डोर
बस तू मन्दिर–मन्दिर बोल और तू मस्जिद–मस्जिद बोल।
खुल ना जाये धर्म की पोल।

(दोस्तों के साथ लिखे गए नुक्कड़ नाटक के कुछ अंश)

Hindu say temple Temple, Muslim
say Mosque Mosque

You don't say Temple, not say Mosque

Forget that you starve

Forget that you work hard

Do not open the pole of religion

Say Temple say Mosque

Raise the flag of religion, die fighting
amongst yourself

Do not burst the unmask of religion

Say Temple say Mosque

There are two voices in the country one
of us and one of their

What did you believe, what do you know,
keep it with you

I say caste religion human identity is wrong

They say that all human beings are one, this decree is
wrong.

I say humans should love humans

They say, forget to talk about hate,
talk about love

They say if there is bloodshed then let it happen

Forget that you also have dreams in life

Forget that someone is yours too

Do not get lost in the affair of work, the
thread of religion

Just you say temple Temple and you
say mosque Mosque

Do not open the unmask of religion

(pieces of nukkad natak wrote with friends)

सहजता ही सत्यता है।
रिश्तों में सहजता ही उसकी सत्यता की पहचान है।

शंकर और रामानुज आज माया की परिकल्पना
बुनते तो माया इक जाल सी होती,
बिल्कुल मकड़ी के जाल सी।
माया के मकड़जाल में साँप से रस्सी,
चाँक से सिप्पी का भ्रम होती।
और हाँ,
सियासतदार लाल खून को होली के लाल गुलाल से भ्रमित करते।
और माया में माया के पीछे भागते लोग
इक–दूसरे पर गुलाल लगाते।
हाँ, हाथों से टपकता सुर्ख लाल गुलाल।

हम तो वहीं खड़े हैं तेरे अहसास में...
समय के लटक–भटक के भँवर में
कभी तुम्हारे अहसास कम तो कभी ज्यादा लगते हैं।
फिर समझा तुम तो सुरज की सवारी पर हो
और मैं धरती पर बोझ ढो रहा हूँ...
तुम कभी बहुत दूर होती हो तो कभी
बहुत पास...
जून में इसलिये तुम ज्यादा याद आती हो...
भुला मैं नहीं तुमको...
यह धरती की रिवाज है जो खामखाँ घूमती रहती है।

Simplicity is truth
Simplicity in relationships is the hallmark of its truth

If Lord Shankar and Ramanuja had woven the concept of Maya today,
Maya would have been like a trap.
Like a spider's web
Chalk gives the illusion of clamshell
And yes
The politician confuses the red blood with the red Gulal of Holi.
And running after Maya in Maya
Gulal on each other
Yes, ruddy red Gulal dripping on hands

We are standing there in your feeling
In the wake of the wandering of time
Sometimes your feelings seem less and sometimes more
Then understood that you are on the ride of the sun
And I'm carrying a burden on the earth
Very close
I miss you more in June
I don't forget you
It's the customs of the earth that keep revolving around

घनघोर अँधियारी रात में,
तमस जीवन हर लेता है।
हल्की सी आहट भी किसी के जिन्दा होने की...
जीने की उम्मीद जगा देता है।
तमस भरी रात में रज़त की एक किरण,
सत्व का सूरज आँसमा में उगा ही ही देता।

हजार बार लूटे कारोबार–ए–इश्क मगर,
हजार बार यही रोजगार करते हैं...
हजारों बार जनता से जेल मिली।
फिर भक्तों और मीडिया से बेल मिली।
रोलाँ यूँ ही चलता रहा...
कभी मनाकर रूलाया, कभी रूलाकर मनाया
जहाँपना की आदत ही ऐसी है।
बो बाबा बाँसुरी वाले तो याद है ना।
आज सब भक्तों के साथ जनता चूहों की
सवारी कर
समन्दर की तरफ ही जा रहे हैं।

In the dark night
Darkness takes life
Even the slightest sound of someone's being alive
Gives hope to live
A silver ray in the dark night
Sattva's sun would rise in the sky

Thousand times looted business of love, but
Do the same job a thousand times
Jail Met the public thousands of times
Then got bail from devotees and media
stir kept going
Sometimes persuade to make cry, sometimes cry to make persuade
Such is the habit of emperor
Do you remember those baba of flute ones?
Today the people along with all the devotees ride on rats.
Going to the sea

रक्षक हो तुम

सदियों से जकड़ रखा था,
कभी धमका कर तो कभी मुस्करा कर,
कहीं मैं तुझ सी ना बन जाऊँ....
कहीं तुझे चुनौती ना दे दूँ।
तुमने तारीफ कर के बांधा मुझे,
कभी कान, नाक छिदवा मोती पहना कर...
कभी हाथ–पाँव और गले में सोने के कड़े डाल कर....
तो कभी मेरे रंग रूप को मुखौटा बना कर....
यही सोचा रंग–रूप सँवारने लगूँगी
और अपने आप को भूल जाऊँ।
फिर कभी कोई जाग जाये और कुछ पूछ ले,
तुम्हारे साथ कन्धे से कन्धा मिलाकर चलना चाहे
तो तुम्हारा जमीर गवारा नहीं करता...
तू उसको रोकेगा परम्पराओं के नाम पर,
इज्जत के नाम पर......
मान गई तो देवी, माता और नहीं मानी तो बदचलन, कुलटा...
नहीं समझा मुझे बराबर का हकदार,
बराबर का साथी...
बस लगे हो थोथी रक्षा करने,
रक्षाबंधन का त्यौहार बना डाला।
रक्षा तो मैंने की है तुम्हारी,
तुम्हारे स्वाभिमान की,
देश के नाम की.....
बचपन से दबी कुचली दोयम दर्जे की ज़िंदगी जी कर भी
ओलम्पिक में तेरे स्वाभिमान को मेडल मैंने ही दिलवाये हैं।
किस बात का घमण्ड है तुझे,
एक बार सोच जरा।

You are the saviour
held for centuries
Sometimes threatening, sometimes smiling
Somewhere I can't be like you
Don't let me challenge you
You tied me up by praising
sometimes get ears, nose pierced
by wearing pearls
By putting gold rings around the hands
and feet and neck
So sometime by making a mask
of my complexion
This thought I will start decorate myself
And forget myself
Then sometime someone wakes up
and asks something
If I want to walk side by side with you,
your mind does not accept
You will stop him in the name of tradition
In the name of honour
If she agrees, then the mother goddess and if she does
not agree, then the misbehaviour
Didn't understand I deserved equality
Partner f equality
Just to protect
Made the festival of Rakshabandhan
I have protected you
Of your pride
Country name....
Even after living a second-class life
suppressed since childhood
I have got medals for your self-respect in the Olympics.
What are you proud of
Just think once

कलाई मेरी भी खाली है,
ना रक्षा तुमसे होने वाली है।
बाँट मुझे अधिकार तेरा,
मैं तुझसे बेहतर होने वाली हूँ।
आधी से ज्यादा तो मैं हूँ इस धरा पर,
जो तुझे पढ़ाया करती हूँ।
इस देश को दे पूरे अधिकार तेरा,
तू ना है रक्षक ना भक्षक,
तू है भाई मेरा
मिल कर रहना साथ मेरे
ना मैं तेरी माँ, ना मैं बीबी,
ना मैं तेरी छुपी कहानी हूँ।
किस बहाने से देख तुझे, तेरी कहानी समझने वाली हूँ।
मैं तेरी और बस तेरी बहन प्यारी हूँ।

क्यूँ अपना बोझ लिये काँधों पर
जोम्बी बने दौड़ रहे हो।
कौन हटायेगा इन नौजवानों के मरे हुए हौसलों का दर्द,
आँखों के नीचे परतें जमीं कालिख, मुरझाई हँसी,
राख से सने हुए अधजले कोयले से चेहरे,
चमत्कार अब तुम ही आना पलकों के सहारे ख्वाबों में,
रख देना उनकी आँखों और होठों पर
और ढक देना उसका चेहरा
हौसलों, कोतुहल और तजस्सुस भरी
नर्म, मुलायम मखमली बर्फ से।

My wrists are empty too
No protection is going to be from you
Share me your right
I'm gonna be better than you
More than half I am on this earth
Which used to teach you
Give full rights to this country
You are neither protector nor eater
You are my brother
Stay together with me,
Neither I am your mother nor your wife,
I am not your hidden story
See with what excuse, I am going to understand your story
I'm just your side, your lovely sister

Why carry your burden on your shoulders
Running like a zombie
Who will remove the pain of the dead spirit of these people
Layered soot under the eyes, withered laughter
Faces with half-burnt coal stained with ashes
Miracles now come to you in dreams with the help of eyelashes
Look at her eyes and lips
And cover his face with soft, velvety snow filled with enthusiasm, curiosity and excitement.

मन करता है तेरे बारे में सोचता रहूँ।
फिक्र करूँ,
फिक्र में नींद उड़ जाये,
मैं उलझन में पड़ जाऊँ।
बस थोड़ा सा वक्त मिल जाये।
तो मैं वक्त से बेवफाई करके,
यूँ ही वक्त को सफ़ा करता रहूँ।

बाहरी मजबूरी में कसर ना छोड़ी मैंने,
रंग रौगन, कँगुरे झरोखे, सब चाक–चौबंद कर,
पर किसी ने मेरे मन का घरौंदा
कच्चे–पक्के झोपड़े सा बनाया।
ना जाने हर मरम्मत करता हूँ।
पर वह ढहता ही जाता है।

नदी की धारा के विरूद्ध चल ज़रा
मुझ से भी तू मिल ज़रा
खड़ा हूँ उद्गम पर, हर समाधान लिये।
धारा संग तो तिनके भी गुलाचें मारता है
थोडी सी मेहनत तू भी कर ज़रा,
मिलेंगे कई दरख्त चट्टानें सहारे को
कुछ कदम तू भी बढ़ा ज़रा
खडा हूँ उद्गम पर हर समाधान लिये
कुछ मेहनत तू भी कर ज़रा।

I want to keep thinking about you
Let's worry
Worry about sleep
I get confused
Just get some time
So I'm unfaithful from time to time
Just keep clearing the time

I did not leave any stone unturned in
external compulsion
Maintain dome, windows and all by paintings
But someone made my heart's house
Out of thatched huts
I don't know every possible repair
But it keeps falling

Walk against the river stream
Meet me too also
I stand at the ascension for every solution
With the stream, even straws jumping
Do a little hard work
Will get support of many trees and rocks
You also take a few steps
I stand at the ascension for every solution
Do a little hard work

अब डर नहीं अंधेरों का
हम आँसुओं से तमाम नहाये हैं।
पलकों पर बैठ कर सारी रात
मेरे सपनों में चुपके से झाँका है।
हरकारे होंगे बहुत ज़िंदगी में तुम्हारे,
जब गिरोगे किसी दिन
हकीकत की ठोकर से,
हाथ बढ़ाने वाले होंगे बहुत,
पर तुम्हारे साथ सपनों को उठाने वाला
कोई मिल जाये तो सँभाल कर रखना।

No longer afraid of darkness
We are all bathed in tears
Blindfolded all night
Hiding in my dreams
You will have many runners in life.
When you will fall ssomeday
By the stumbling of reality
There will be many who raise hands
But if you find someone to carry your dreams
with you, keep it.

www.ingramcontent.com/pod-product-compliance
Ingram Content Group UK Ltd.
Pitfield, Milton Keynes, MK11 3LW, UK
UKHW041957190726
13854UKWH00005B/2025

9 789393 899088